Fiona Macdonald hat in Cambridge Geschichte studiert, an der Universität von Norwich die Geschichte des Mittelalters erforscht und Kinder und Erwachsene unterrichtet. Sie hat geschichtliche Werke verfaßt und zahlreiche Kinderbücher veröffentlicht.

John James wurde 1959 in Rom geboren, hat am Eastbourne College of Design studiert und viele Kinderbücher illustriert. Er hat gemeinsam mit Mark Bergin die Illustrationen zu »Griechenland unter Perikles« geschaffen; außerdem ist er auch der Illustrator von »China unter Schi Huang-ti« und »Richard Löwenherz«, die bereits in dieser Reihe erschienen sind.

Diese Reihe besteht aus 12 Bänden:

* ÄGYPTEN ZUR ZEIT RAMSES' II.,
dem großen Pharao

* GRIECHENLAND UNTER PERIKLES –
die Blütezeit Athens

* CHINA UNTER SCHI HUANG-TI,
dem großen Herrscher und Erbauer der Chinesischen Mauer

* CHRISTOPH KOLUMBUS,
der Entdecker Amerikas

* DIE WIKINGER,
wagemutige Seefahrer des Nordens

* BABYLON ZUR ZEIT HAMMURAPIS,
dem Erbauer des TURMS VON BABYLON und ersten Gesetzgeber

* MARCO POLO,
der große Venezianer und Entdecker Chinas

* DAS REICH DER FRANKEN
unter Karl dem Großen

* ROM ZUR ZEIT DER RENAISSANCE
und der GROSSEN PÄPSTE

* PARIS ZUR ZEIT LUDWIG XIV,
dem SONNENKÖNIG

* ROM UNTER KAISER AUGUSTUS,
dem Begründer des Römischen Weltreiches

* RICHARD LÖWENHERZ
und die großen Kreuzzüge

ABENTEUER
WELTGESCHICHTE

DAS REICH DER FRANKEN UNTER KARL DEM GROSSEN

FIONA MACDONALD
JOHN JAMES

DEUTSCH VON
MANUELA EDER

VERLEGT BEI
KAISER

Inhaltsverzeichnis

Leitung der Reihe: David Salariya,
Giovanni Caselli
Graphik: David Salariya
Illustrationen: John James
Text: Fiona Macdonald
Beratung: John Gillingham
Graphische Koordinierung: Giorgio Dini,
Janet Armstrong

Deutsche Erstausgabe.

Satz: Context OEG, St. Veit/Glan
Druck und Bindung: Giunti Gruppo Editorale, Florenz

Einleitung

Dieses Buch erzählt die Geschichte Karls des Großen. Er wurde im Jahre 742 geboren und herrschte von 768 bis 814 n. Chr. über die Franken. Sein Hoheitsgebiet umfaßte das heutige Frankreich, Deutschland und noch einige kleinere Länder.

Karl machte sein Reich zur stärksten Festung Europas. Das Land der Franken wuchs unter seiner Führung unaufhörlich, und die Überfälle der Barbaren wurden stets erfolgreich zurückgeschlagen. Er kämpfte in Italien für den Papst, in Spanien gegen die Muselmanen. Er organisierte und stärkte die Kirche in Frankreich und setzte sich sehr für die Bildung und die schönen Künste ein. Schon zu Lebzeiten war Karl der Große eine Legende, und sein Ruhm überdauerte noch viele Generationen nach ihm. Als Dank für die Hilfe und den Schutz, den er stets der Kirche gewährte, wollte man ihn nach seinem Tod sogar heiligsprechen. Jahrzehnte, ja selbst Jahrhunderte nach seiner Zeit blieb die Bewunderung für ihn noch frisch und lebendig. Man sah in ihm das Ideal eines guten, christlichen Herrschers. Natürlich war dieser Personenkult ein wenig übertrieben, doch ohne Zweifel blieb er eine außergewöhnliche Persönlichkeit der Geschichte. Worin bestand nun seine Größe? Was war das für eine Zeit, in der er lebte? Die Antwort auf diese Fragen finden wir auf den folgenden Seiten.

Ab 378 fielen immer wieder Volksstämme aus dem Osten in Europa ein und zerstörten alles auf ihrem Weg. Auch Rom wurde 410 überfallen und geplündert.

Der Untergang des Weströmischen Reiches

Mehr als 700 Jahre lang, von 200 v. Chr. bis 500 n. Chr. , wurden weite Teile Europas und Nordafrikas von den Römern beherrscht. Im Westen, dem Abendland, ging ihre Herrschaft bereits lange vor Karls Geburt auf ihr Ende zu. Das war nicht weiter verwunderlich, denn im 3. und 4. Jahrhundert n. Chr. wurde das Römische Reich von einer Reihe von unfähigen und skrupellosen Kaisern beherrscht. Sie waren nur an Reichtum und Macht interessiert und kümmerten sich wenig um das Wohlergehen und die Sicherheit ihrer Untertanen. So war das Heer bald nicht mehr in der Lage, die Grenzen dieses riesigen Gebietes gegen die Goten und andere Germanenvölker zu verteidigen, und unter der Bevölkerung machten sich Mißtrauen und Unmut breit.

Die Römer verließen ihre Städte, und so verfielen all deren Gebäude immer mehr. Die Mauern zerbröckelten, doch selbst die Ruinen waren noch eindrucksvoll: Bei ihrem Anblick sagte später ein Schriftsteller, sie seien »das Werk von Giganten«.

Im Laufe des 5. Jahrhunderts zogen sich die römischen Truppen immer weiter zurück und ließen die Provinzen und ihre Statthalter im Stich, die nun auch nicht mehr viel mehr für Rom tun konnten und kaum eine andere Wahl hatten, als mit der einheimischen Bevölkerung zusammenzuarbeiten.
Als Karl der Große an die Macht kam, sah es auf der Landkarte ganz anders aus als heute. Westeuropa bestand aus vielen kleinen Fürstentümern, die untereinander verfeindet waren und ständig um die Vorherrschaft oder einfach ums Überleben kämpften. Es gab damals (im Gegensatz zu später) keine festgelegten Grenzen. Je nachdem, wie die Kriege ausgingen oder die Friedensverträge ausgehandelt wurden, änderten sie sich immer wieder.

Die Franken und ihre Könige

Die Franken, ein westgermanisches, kriegerisches Volk, stammten ursprünglich aus dem Norden Deutschlands. Im 5. Jahrhundert n. Chr. unterwarfen sie unter der Führung ihres Königs Chlodwig die Gallier, ein Volk keltischen Ursprungs, das im Norden Frankreichs lebte. Die römischen Statthalter dieser Provinzen mußten einem neuen Königsgeschlecht weichen: Die Merowinger kamen an die Macht. Nicht alle Franken waren bereit, Chlodwig und seinen Nachkommen, die wegen ihrer Haartracht auch »die langhaarigen Könige« genannt wurden, zu folgen. Diese Chance erkannte Pippin, Oberhaupt eines immer stärker werdenden Frankengeschlechts aus der Gegend des heutigen Frankfurt. Um die Mitte des 8. Jahrhunderts wurde er so mächtig und einflußreich, daß er es wagen konnte, die Merowinger herauszufordern.

751 schickte er Boten nach Rom, um vom Papst Unterstützung zu erbitten, für den Fall, daß man ihn zum König wählte. Der Papst war einverstanden und begab sich 754 nach Frankreich, wo er Pippin seinen Segen erteilte und ihn des Schutzes Gottes und der Kirche versicherte. Karl der Große, Pippins Sohn,

wurde um 742 geboren. In zeitgenössischen Schriften wird er als ein starker, mutiger junger Mann mit blondem Haar beschrieben. Er liebte die Jagd, den Kampf und das Schwimmen. Er streifte oft tagelang in den Wäldern umher und stellte Hirschen und Wildschweinen nach. Das Hofzeremoniell langweilte ihn; er liebte die Bewegung. Dennoch wurde er, obwohl er maßvoll aß und trank, mit den Jahren immer korpulenter. Er hatte eine laute, respektgebietende Stimme und sprach sehr schnell.

»Karl der Große« machte seinem Namen alle Ehre: Experten haben sein Skelett untersucht und herausgefunden, daß er 1,93 Meter groß war. Diese imposante Körpergröße hat er wahrscheinlich seiner Mutter zu verdanken, die überall »die langbeinige Berta« genannt wurde. Sein Vater, »Pippin der Kleine«, konnte kaum verantwortlich dafür sein. In der Jugend war er für seine zahlreichen Liebesabenteuer bekannt. Er liebte die Frauen so sehr, daß er keiner seiner Töchter die Heirat erlaubte; um sie nicht zu verlieren. So kam es, daß die jungen Damen schließlich ihre Liebhaber bei Hofe empfingen. Das empörte die kaiserlichen Bedientesten und besonders die Kirche sehr, denn damals hatten Frauen weit weniger Freiheiten als heute.

Ein Volk von Kriegern

»Karl der Große« ist eine Übersetzung des lateinischen Namens »Carolus Magnus«. Für seine Zeitgenossen und auch für viele mittelalterliche Schriftsteller späterer Generationen verkörperte er alle Tugenden, die einen richtigen Franken auszeichnen sollten: Er war klug und von edler Gesinnung, doch vor allem war er stark und mutig, kurz: ein großer Krieger.

Er herrschte über ein Volk, das die tapfersten Männer seit jeher am meisten verehrte. Immerhin hatten die Franken ihr Reich durch Eroberungen aufgebaut und setzten ständig ihr Leben für die Verteidigung der auf diese Weise errungenen Gebiete aufs Spiel. Lange vor der Geburt Karls des Großen war der Kampf bereits ihr Lebensinhalt gewesen, und so entstanden im Laufe der Zeit ihre Ideale und Wertvorstellungen.

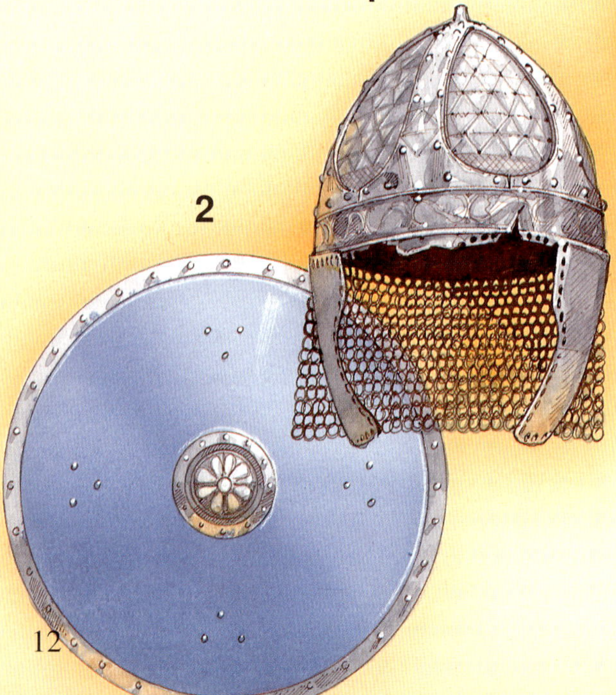

1 und **2** Helm und Schild der Franken: Der Helm mit Halsschutz aus Kettengewebe wurde 1955 im Grab eines reichen fränkischen Adeligen gefunden

3 Ein Ritter der Elitegarde; diese Rüstung wurde im Kampf zusammen mit Helm und Schild getragen

4

6

5

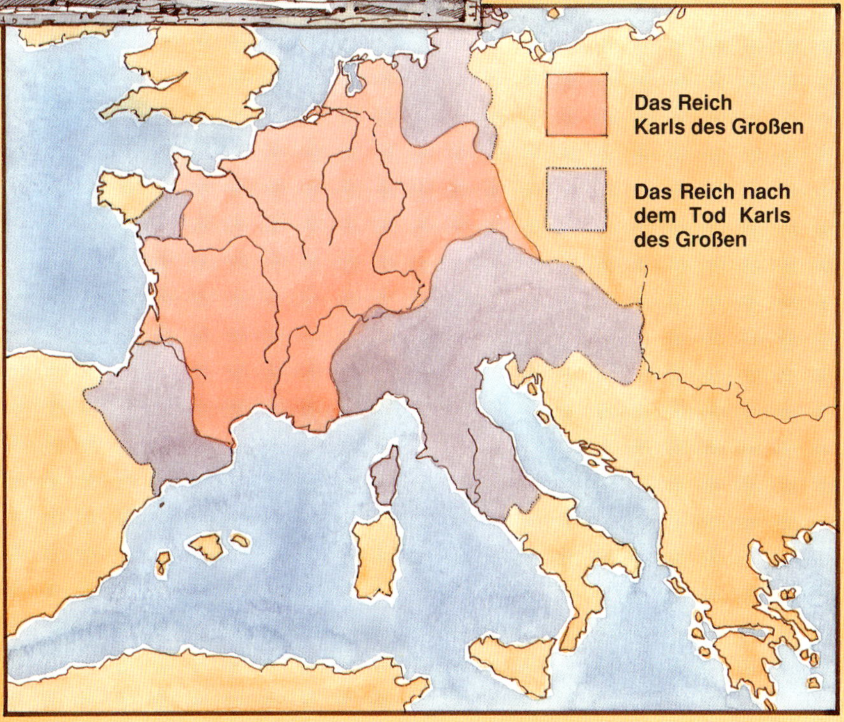

7

4 Die Kampfstrategie der Franken war der Angriff zu Pferd. In dichtgedrängter Formation durchbrachen sie die feindlichen Linien. Das Schwert kam im Nahkampf zum Einsatz.
5 Die Urne Karls des Großen wird im Dom zu Aachen aufbewahrt
6 Dieses Tuch aus byzantinischer Seide wurde im Grab Karls des Großen gefunden; es stellt einen von vier Pferden gezogenen Wagen dar
7 Auf der Landkarte kann man sehen, welche Länder die Franken unter Karl dem Großen eroberten

Neue Länder für das Reich

Als Pippin 768 starb, wurde Karl der Große sein Nachfolger als König der Franken. Sein Reich erstreckte sich zu jener Zeit von Utrecht im heutigen Holland bis nach Marseille, und von der Normandie bis weit in die Ostschweiz. Einige Teile des heutigen Frankreich – die Bretagne, die Gascogne und Aquitanien – gehörten noch nicht dazu, doch Karl eroberte fast alle diese Gebiete gleich nach seiner Thronbesteigung 768/69.
Im Laufe der Jahre vergrößerte er das Reich der Franken immer mehr.

Das Europa seiner Zeit war zum Großteil unbesiedeltes Land, wie auch die neu eroberten Gebiete. Es gab nur wenige Dörfer und Städte. Die von den Römern erbauten Straßen und öffentlichen Gebäude wurden nicht mehr benutzt und verfielen zusehends. Kriegszerstörungen taten ein übriges. Obwohl die schreckliche Zeit der Pest, die Tausende von Menschen dahingerafft hatte, vorbei war, und die Einwohnerzahlen allmählich wieder stiegen, verwilderte das Land. Auf den ehemals säuberlich gerodeten Feldern der Römer wucherte allerlei Unkraut und Gestrüpp, ja sogar Bäume und Sträucher. Karl der Große beschloß, sie wieder zu Ackerland zu machen und ermutigte die Bauern, neue Anbaumethoden und Kulturpflanzen auszuprobieren. Auch für den Handel mit Getreide und anderen Produkten der Landwirtschaft setzte er sich ein.

Als Karl der Große starb, hatte er das Erbe seines Vaters, das Reich der Franken, durch Kriege und Eroberungen praktisch verdoppelt. Am Hofe des großen Kaisers lebte Einhard, ein Schriftgelehrter. Er schrieb Karls Lebenslauf für die Nachwelt auf. Natürlich erzählt er viel mehr über die guten Taten seines Herrn als über dessen Fehler, dennoch verdanken wir ihm viele wichtige Informationen über jene Zeit.

Der Handel

Überall im Reich wurden regelmäßig Märkte abgehalten. Dort konnte man all die kostbaren Waren kaufen, die Händler aus dem Orient mitbrachten. Am bekanntesten war der Markt von Saint-Denis, der jeden Oktober in Paris stattfand. Einen ganzen Monat lang strömten Besucher aus allen Teilen des Landes herbei, um zu kaufen, zu schauen und das bunte Treiben zu bestaunen.

Wie wirkten sich die schwierigen Zeiten auf den wichtigen Wirtschaftszweig Handel aus? Der Zusammenbruch der starken Herrschaft Roms hatte Unsicherheit und Verwirrung zur Folge. Überdies waren die Einwohnerzahlen durch Kriege und Pest erheblich geschrumpft, was weniger Käufer und daher weniger Handel bedeutete. Gänzlich waren die Geschäfte aber trotz allem nicht zum Erliegen gekommen. Immer noch brachten die Bauern landwirtschaftliche Produkte wie Korn, Wein, Honig und Leder zum Verkauf in die Städte, und die Stadtbewohner stellten weiterhin Qualitätsprodukte wie feine Schmiedearbeiten und prächtige bunte Stoffe her. Auch der überregionale Handel hatte überlebt: so manche ganz spezielle Ware kam von weit her und wurde im gesamten Hoheitsgebiet der Franken verkauft. Die Mühlsteine für Weizenmühlen kamen z. B. aus dem Eifelgebirge in Süddeutschland.

Man konnte aber auch Waren erstehen, die noch weitere Wege hinter sich hatten, wie warme Wollstoffe aus England und Friesland, oder feinste Seide und prächtigen Brotkat aus Venedig. Jüdische und arabische Händler legten oft Tausende von Kilometern zurück, um Elfenbein, Perlen, Gewürze und duftende Öle aus dem Mittleren Osten oder sogar aus Indien nach Europa zu bringen. Im Austausch dafür erhielten sie edle Jagdhunde oder die feinen, aus Gold und Silber gefertigten Arbeiten geschickter Goldschmiede, die ihr Handwerk in den Klöstern erlernten.

Die Landwirtschaft

Wovon lebten die Menschen im Frankreich Karls des Großen? Nun, es gab einige wenige Reiche, meist Adelige, deren Vorfahren für die Merowinger in den Krieg gezogen und dafür mit Landbesitz und Adelstiteln belohnt worden waren; manche Familien hatten Reichtum und Macht bereits zur Römerzeit angehäuft. Sie waren einflußreiche Großgrundbesitzer, lebten in fürstlichen Häusern und nannten auch zahlreiche Wirtschaftsgebäude, Wiesen, Äcker und Wälder ihr eigen. Einflußreich und mächtig waren auch die Männer der Kirche. Ihre Beamten, der Klerus war reich, Bistümer, Klöster und Ordensgemeinschaften besaßen ausgedehnte Ländereien, die ihnen Könige oder reiche Gläubige im Laufe der Jahrzehnte zum Geschenk gemacht hatten. Zur Verwaltung ihrer großen Besitztümer setzten sie, wie übrigens auch der Adel, Beamte ein. Für sie alle war die Haupteinnahmequelle die Landwirtschaft: ob Kloster oder Burg, die Äcker mußten so bestellt werden, daß nicht nur Mönche und Landbesitzer, sondern auch die Arbeiter mit

ihren Familien von der Ernte leben konnten. Die Mehrheit der Bevölkerung aber war arm. Die Bauern mußten hart arbeiten, damit sie und ihre ständig wachsenden Familien nicht verhungerten. Viele von ihnen waren Leibeigene, wahrscheinlich Nachkommen der Sklaven der Römer. Sie gehörten zu einem Adeligen oder einem Kloster und hatten nur wenige Rechte: für das Stück Land, das sie bestellen durften, mußten sie dem Besitzer einen Teil ihrer Ernte als Pacht abgeben.

Die Landwirtschaft interessierte Karl den Großen sehr, und er war immer bereit, auch neue Pflanzen und Anbaumethoden auszuprobieren. Das wissen wir aus bis heute erhalten Schriften, in denen er den Verwaltern seiner Gebiete Anweisungen gibt. Einmal hat er z. B. angeordnet, in seinem Garten Feigenbäume zu pflanzen.

Karl und das Christentum

Karl der Große gilt auch und vor allem als ein großer Christ. In vielen seiner Biographien, die großteils aus dem Spätmittelalter stammen, liest man von seiner Frömmigkeit. Wie war es wirklich? Haben die Mönche vielleicht ein wenig übertrieben, als sie von seinen guten Taten für die Christenheit schrieben? Wahr ist, daß er sein möglichstes tat, um die Kirche innerhalb seines Reiches zu stärken.

So setzte er z. B. das Werk des heiligen Bonifatius fort, der am Anfang des 8. Jahrhunderts begonnen hatte, Reformen in der Kirche durchzuführen. Er ließ die alten Klöster, deren Mauern teilweise schon verfielen, renovieren und gründete zahlreiche neue. Außerdem berief er regelmäßig Konzile ein, Versammlungen, bei denen er mit den höchsten Vertretern des Klerus über die Kirche, ihre Zukunft und ihre Politik sprach. Oft lud er auch Priester und Gelehrte aus England und Irland ein, um in seinem Reich zu predigen und weniger gebildete Geistliche und das

Eines der vielen Klöster, die Karl gegründet hat, war Saint-Riquier in der französischen Stadt Centule. Dort beteten 300 Mönche Tag und Nacht für das Heil ihres Königs.

einfache Volk zu unterrichten.
Doch all das diente nicht einzig und allein der Religion. Viele der von den Franken unterworfenen Völker verehrten noch die heidnischen Gottheiten ihrer Vorfahren, und dieser Götzenkult stellte eine große Gefahr für die Einheit des Reiches dar. So verfolgte Karl der Große also auch sicherheitspolitische Ziele, als er für das Christentum eintrat und es zur Staatsreligion machte. Jeder, der sich weigerte, zum christlichen Glauben überzutreten, sich nicht taufen lassen wollte oder gar am Freitag oder in der Fastenzeit Fleisch aß, wurde mit dem Tode bestraft.

Klöster als Schulen

Die großzügige politische und finanzielle Unterstützung der Kirche trug bald ihre Früchte: immer mehr Klöster wurden gegründet, immer mehr Menschen legten das Gelübde ab und stellten ihr Leben in den Dienst der Religion.
So manche reiche Familie folgte dem Beispiel Karls des Großen und beschenkte die Kirche mit Ländereien. So wuchsen ihre Macht, ihr Reichtum und ihr Einfluß zusehends.
In- und außerhalb der Klöster wurden Schulen eingerichtet, wo angehende Priester zusammen mit anderen jungen Männern lesen und schreiben in lateinischer Sprache lernten. So konnten sie die Worte verstehen, die während der Gottesdienste gesprochen wurden, erfuhren mehr über den christlichen Glauben und studierten auch die Werke der großen christlichen Philosophen und der Schriftsteller des Altertums.
Karl der Große veranlaßte auch, daß die Predigten nicht mehr in Latein, sondern in der Landessprache gehalten werden sollten, damit das Volk sie verstehen konnte und die Botschaft der Kirche auch von den einfachen Leuten gehört wurde.
Daß Karl der Große die Kirche so förderte, brachte ihm einen weiteren großen Vorteil: je mächtiger und stärker sie durch seine Hilfe wurde, umso größer war auch ihre Abhängigkeit von ihm, bis er schließlich die völlige Kontrolle über sie besaß.

Alle großen Klöster, die zu Lebzeiten Karls gebaut wurden, sind heute zerstört. Glücklicherweise sind jedoch Pläne aus dem Jahre 820 erhalten geblieben. Dieses Kloster, Gallen, wurde niemals gebaut. Die sehr genauen Pläne werden bis heute in der Schweiz, in Sankt Gallen, aufbewahrt. Daraus ersehen wir nicht nur, wie die Gebäude aussahen, sondern auch, wie sie verwendet wurden.

1 Kirche
2 Schlafräume
3 Bäder und Waschräume
4 Novizenkonvent
5 Friedhof
6 Garten
7 Stallungen
8 Hühnerställe
9 Verwaltung
10 Backofen/Bäckerei
11 Refektorium (der Speisesaal der Mönche)
12 Schenke
13 Hospiz (Gästehaus für Reisende)
14 Schule

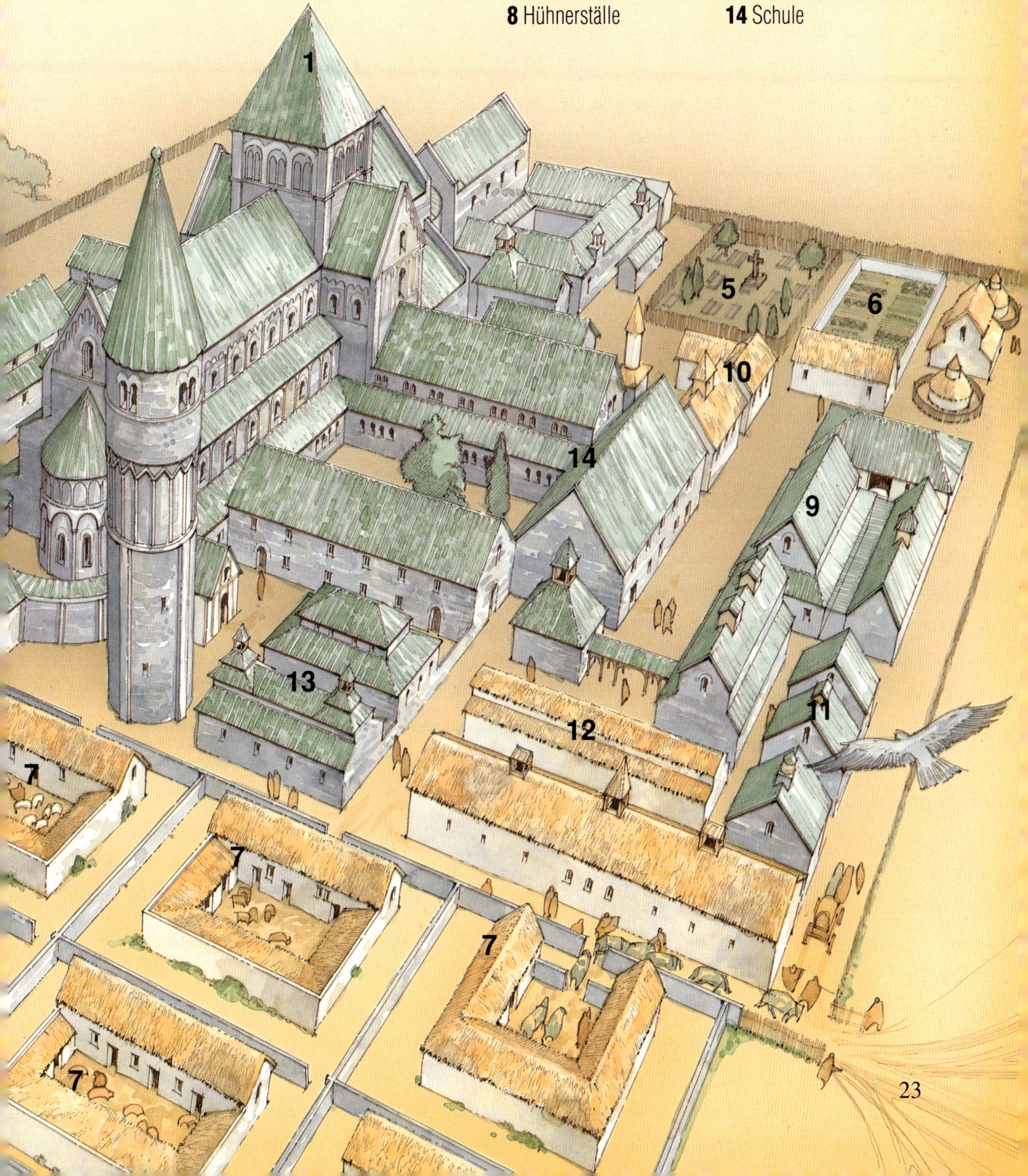

Karl wird Kaiser

In den Jahren 773 und 774 stellte Karl der Große erneut seine Treue zur Kirche unter Beweis: er rettete den Papst aus großer Bedrängnis. Der König der Langobarden hatte die Absicht, Papst Hadrian zu überfallen, da war Karl zur Stelle: er fiel ins Reich der Langobarden ein, eroberte es und wurde ihr König. So brachte er die Hälfte der Halbinsel Italien, Rom eingeschlossen, unter seine christliche Herrschaft.

Auch Papst Leo III. erkannte, daß er auf Karl immer zählen konnte: 799 stellten ihm einige römische Adelige eine Falle und versuchten ihm die Augen auszustechen und die Zunge abzuschneiden. Der Papst konnte mit knapper Not entkommen und suchte, schwer verletzt und fürs Leben gezeichnet, Zuflucht bei Karl. Dieser half ihm, die Attentäter zu finden und zu besiegen. So konnte der Heilige Vater gefahrlos den Rückweg in seine Residenzstadt Rom antreten.

Wenig später machte sich Karl selbst auf den Weg dorthin. Am Weihnachtstag des Jahres 800 fand nämlich im Petersdom eine prunkvolle Zeremonie zu seinen Ehren statt: Aus den Händen des eben erst geretteten Papstes empfing er die Krone des Römischen Kaisers. Es ist bis heute ungewiß, ob Karl dieses Ereignis geplant hatte, oder ob Papst Leo III. ihn krönte, um auch in Zukunft seiner Unterstützung für das Papsttum gewiß zu sein.

Karl der Große wird zum Römischen Kaiser gekrönt. Mehr als 300 Jahre nach dem Untergang des Weströmischen Reiches war er der erste Herrscher, der sich wieder so nennen durfte. Wie sehr dadurch auch sein Ansehen in der Welt gestärkt wurde, es war dennoch nur ein Titel; in Wirklichkeit änderte sich nichts für ihn.

Er hatte nicht die Absicht, das alte römische Imperium wiederaufzubauen, diese Aufgabe war sogar für ihn zu schwer. Doch er stimmte der Krönung gerne zu: jedermann sollte wissen, daß er der mächtigste Herrscher Europas war.

J·E·J· MCMXC

Recht und Gesetz

Ein so riesiges Reich wie das Karls des Großen zu regieren, bringt natürlich viele Probleme mit sich. Wie konnte man sicherstellen, daß die vielen verschiedenen Volksgruppen gehorsam waren und sich nicht auflehnten, daß Gesetze eingeführt und auch eingehalten wurden? Welchen seiner Ratgeber konnte der Kaiser vertrauen, welche versuchten, ihn zu hintergehen? Eine schwierige Frage.
Die Art, wie Karl solche Probleme zu lösen pflegte, zeugt von großem Scharfsinn und ebensolcher Intelligenz: Statt die Anführer der unterworfenen Völker mit Gewalt zum Gehorsam zu zwingen, lud er sie zur Zusammenarbeit ein und ließ sie an den Reichstagsversammlungen teilnehmen. So konnten sie dabeisein, wenn die Gesetze für das Reich beschlossen wurden. Außerdem setzte er einen Stab von Inspektoren, die Minister, ein, die seinem persönlichen Befehl unterstanden. Zu zweit reisten sie durch das Reich, verkündeten neue Gesetze, sprachen Recht und erstatteten dem Kaiser Bericht über alles, was vorgefallen war. Karl suchte in schwierigen Fragen oft Rat bei den fähigsten Männern Europas. So befanden sich unter seinen engsten Vertrauten und treuesten Ratgebern oft Gelehrte aus dem Ausland, aber auch Männer der Kirche.
Die Klosterschulen sorgten ebenfalls für geeigneten, gebildeten Nachwuchs im eigenen Lande: alle, die dort studiert hatten, beherrschten die lateinische Sprache in Wort und Schrift.

Karl der Große reiste regelmäßig durch sein Reich, um nach dem Rechten zu sehen. Alle seine Untertanen konnten sich jederzeit um Rat und Hilfe an ihn wenden, denn auf seinen Reisen übte er auch das Richteramt aus. Seine Gesetze sollten allen Bürgern, arm oder reich, zu ihrem Recht verhelfen.

Wissen ist Macht

Karl der Große ermutigte Priester und Mönche, sich ständig weiterzubilden, weil nach seiner Überzeugung immer größeres Wissen das beste Mittel war, Macht und Ansehen der Kirche zu stärken und die Verbreitung des christlichen Glaubens zu fördern. Auch er selbst folgte diesem Grundsatz: Er hörte nie auf, zu lernen, und oft ließ er Prediger, Dichter und Gelehrte aus ganz Europa an seinen Hof rufen. Dort diskutierte er mit ihnen, lauschte ihren Reden und Gedichten und lernte von ihnen. Der bekannteste seiner Gäste und Lehrer war der angelsächsische Mönch Alkwin. Dieser war auch ein bedeutender Wissenschaftler und leitete

Ohne die vielen Schriftgelehrten, die in den Schreibstuben der Klöster für Karl den Großen arbeiteten und Kopien der Werke der römischen Philosophen herstellten, wüßten wir heute herzlich wenig über die Zeit der Antike: 90 Prozent aller erhaltenen Schriften des römischen Altertums stammen aus der Zeit Karls des Großen.

die große Bibliothek von York. Karls Muttersprache war Fränkisch, eine alte Form des Deutschen, doch beherrschte er auch Latein und ein wenig Griechisch. Er kannte und schätzte die Werke der altrömischen Dichter und Philosophen genauso wie die Kultur seines eigenen Volkes, auf das er mit großem Stolz blickte. Er begann damit, eine Grammatik des Fränkischen zu erstellen und ließ alte Lieder und Geschichten in einer Sammlung zusammenfassen und niederschreiben. Auch die Musik liebte er sehr: er ließ oft Sänger und Lautenspieler zu sich rufen und richtete einen Kinderchor ein, der die Messen in der kaiserlichen Kapelle mit feierlichem Gesang untermalte.

Karl selbst konnte zwar lesen, aber nicht schreiben. Er versuchte noch im Alter von fünfzig Jahren, diese Kunst zu erlernen. Einhard, sein Biograph und Vertrauter, berichtet davon. Doch es war zu spät: »Er hatte Schreibtafeln unter dem Kopfkissen, um während der Ruhezeiten zu üben. Doch weil er nicht im richtigen Alter begonnen hatte, blieben seine Anstrengungen umsonst.«

Karl der Große hatte die Wichtigkeit der Schrift erkannt. Er stellte eine große Zahl von Schreibern ein, die Gesetze, Anordnungen und die Buchhaltung des Reiches schriftlich festhalten sollten.

Kirchen und Paläste

Karl der Große trug seinen Namen auch als Bauherr zu Recht. Sein herrliches Schloß, die Pfalz in Aachen, der Hauptstadt seines Reiches, entstand unter seiner Führung. Zur luxuriösen Einrichtung dieses Palastes gehört auch ein Schwimmbecken, das mit Wasser aus warmen Quellen gefüllt und so groß war, daß wohl hundert Personen darin Platz finden konnten. Karl soll der beste Schwimmer des ganzen Reiches gewesen sein. Er liebte es, seine Freizeit im Wasser zu verbringen und lud auch gern Gäste ins Schwimmbecken ein.

In anderen Teilen des Imperiums entstanden ebenfalls eindrucksvolle Burgen und Schlösser. Die kaiserliche Residenz in Ingelheim war eine großzügig geplante Anlage. In manchen überlieferten Geschichten ist die Rede davon, daß Karl eine große hölzerne Brücke über den Rhein und einen Verbindungskanal zwischen Main und Donau gebaut hat. Doch von diesen Bauwerken gibt es leider keine einzige Spur mehr. Nicht nur Paläste, auch wundervolle Kirchen und zahlreiche Klöster wurden auf seinen Wunsch hin gebaut. In Aachen ließ er eine Hofkapelle errichten und rief zu diesem Zweck den Architekten Odo von Metz zu sich. Dieser gestaltete die Pfalzkapelle sehr originell, mit achteckigem Grundriß und einer großen, ganz mit farbenprächtigem Mosaik bedeckten Kuppel. Die verwendeten Materialien waren denkbar edel: Porphyr und kostbarer italienischer Marmor.

1

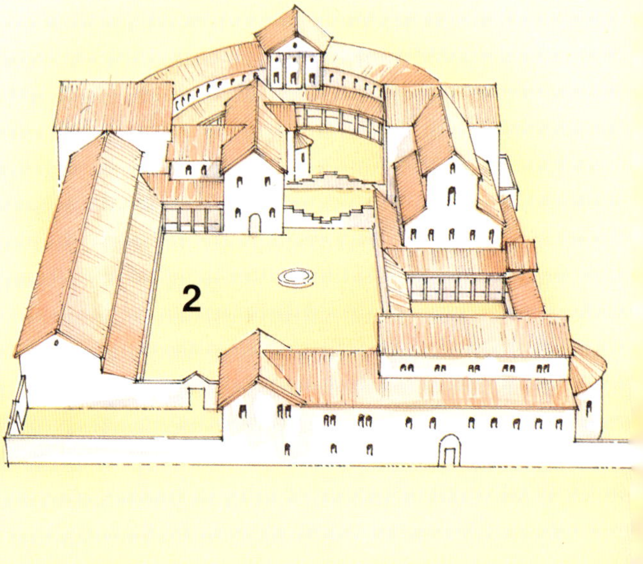

2

1 Das Portal des Klosters Lorch wurde wahrscheinlich nach dem Vorbild der alten Peterskirche erbaut
2 Die kaiserliche Residenz in Ingelheim erinnert an klassische Bauweise und byzantinische Architektur
3 Karl der Große ließ die Pfalz, seine Kaiserresidenz zu Aachen, erbauen. Die berühmte Pfalzkapelle ist das bedeutendste Bauwerk jener Epoche. Sie ist eine Kopie der 250 Jahre früher vom Oströmischen Kaiser Justinian erbauten Basilika San Vitale in Ravenna **(4).** Karl bewunderte den Prunk und die imposanten Bauten des alten Rom und wollte ähnliches in seinem Reich schaffen. Daher erinnert der Baustil seiner Zeit auch immer an antike römische, byzantinische oder germanische Vorbilder.

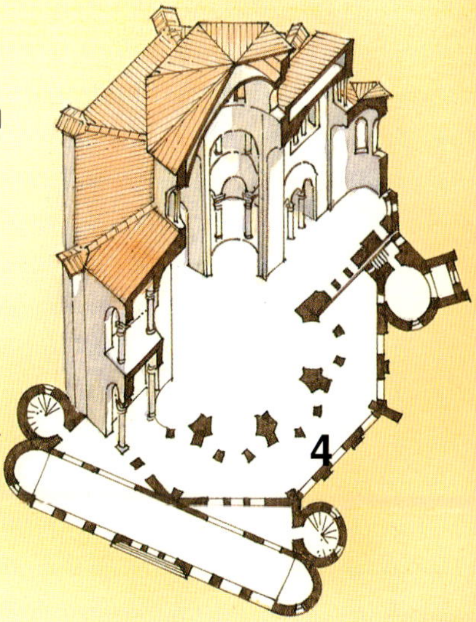

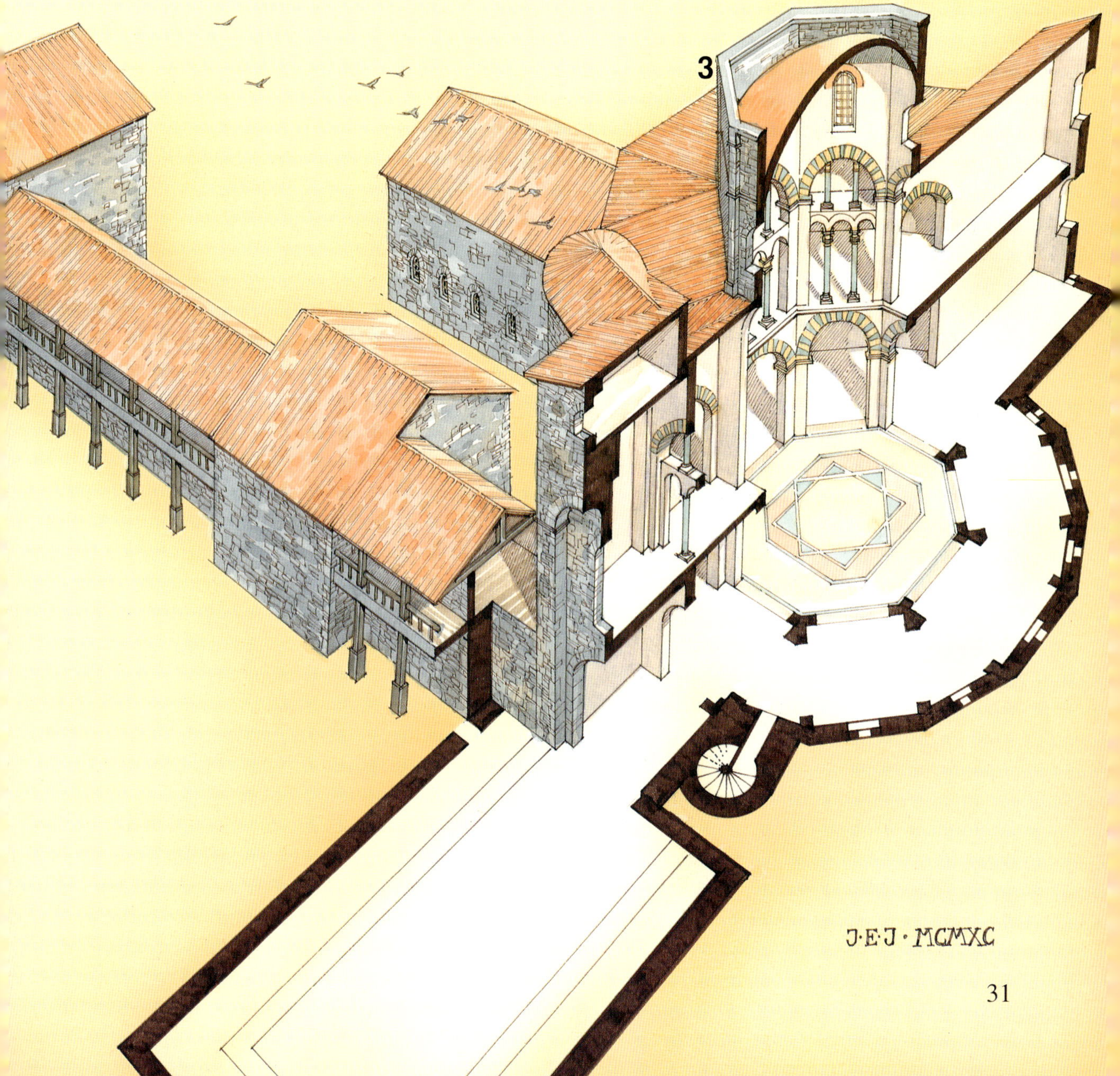

Von Händlern, Gesandten und fremden Völkern

Der Ruhm Karls des Großen drang bald bis über die Grenzen seines Imperiums hinaus. Seine Feldzüge führten ihn weit nach Osten, wo er auf heidnische Völker und Nomadenstämme stieß, die immer wieder in Ungarn einfielen, und nach Norden, wo er zum ersten Mal die Anführer der skandinavischen Wikinger sah. Im Süden kämpfte er erbittert gegen die Muselmanen, die Teile Spaniens besetzt hielten, und gegen die Basken, die von ihren Felsenfestungen aus immer wieder Angriffe gegen das Kaiserreich führten. Die Langobarden in Italien hat er besiegt, und nach sechs Jahren Anstrengung gelang es ihm schließlich, 812 die stolze, unabhängige Stadt Venedig zu unterwerfen. So lernte Karl viele fremde Völker auf seinen Eroberungszügen kennen. Doch die Kontakte zu ihnen waren nicht immer nur kriegerischer Natur. Seine Händler reisten in der ganzen Welt herum und machten friedlich ihre Geschäfte mit Briten, Wikingern, Arabern und Juden, und von seinem guten Verhältnis zum Papst haben wir schon gehört.
Doch, welche Überraschung, auch zum Kalifen, dem Oberhaupt seiner schlimmsten Feinde, der Muselmanen, pflegte Karl der Große freundschaftliche Beziehungen. Einmal schickte der Kalif aus der reichen Stadt Bagdad Botschafter zu Karl, die ihm ein wertvolles Geschenk brachten: einen lebenden Elefanten! Niemand am Hofe hatte je zuvor so ein Tier gesehen.

Wir wissen leider nicht, was für Geschenke Karl dem Kalifen gemacht hatte, damit ihm dieser im Austausch dafür einen Elefanten schickte. Es muß wohl etwas sehr Wertvolles gewesen sein, denn es kamen noch viele andere kostbare Dinge aus Bagdad: seidene Tücher, Kerzenleuchter aus Messing, duftende Essenzen, ein Schachspiel, eine Wasseruhr, ein reich besticktes Gewand und ein prächtiges Zelt.

Im Mittelalter waren Kirche und Staat nicht getrennt wie heute. Karl der Große war davon überzeugt, »von Gottes Gnaden« zu herrschen und an der Spitze eines auserwählten Volkes zu stehen. Die Eroberungszüge der Franken wurden also »im Namen des Herrn« geführt, und alle Völker, die Widerstand leisteten, galten als gottlose Heiden.

Der Zerfall des Frankenreiches

Um 810 hatte Karl der Große zum ersten Mal eine böse Vorahnung: Piratenschiffe der Wikinger wurden vor der französischen Küste gesichtet: die nur darauf warteten, sich auf ihre Beute zu stürzen. Vier Jahre später starb er, ohne daß sich seine düstere Ahnung erfüllt hätte. Doch sein Reich war nur noch scheinbar so stark wie am Anfang. Sein Sohn und Nachfolger, König Ludwig der Fromme, hatte weder die Weisheit noch die Stärke seines Vaters geerbt. Gleich nach seiner Thronbesteigung schickte er alle Berater fort, die Karl so treu gedient hatten, und verursachte durch seine Politik einen bösen Zwist unter seinen eigenen Kindern. Ein Bürgerkrieg brach aus, der von 817 bis 843 dauern und zur Dreiteilung des Reiches führen sollte. Wenig später erfüllte sich, was Karl vorausgeahnt hatte, und die Wikinger fielen in das ohnehin geschwächte Land ein. Die goldenen Jahre des Frankenreiches waren vorüber. Ist das Lebenswerk Karls des Großen auch schließlich zerfallen, so hat dieser Kaiser doch viel Gutes geschaffen, das ihn lange überdauert hat: Er hat die Kirche erneuert, die Bildung gefördert, viele einzigartige Bauwerke errichtet, hat Handel, Kunst und Handwerk wichtige Impulse gegeben. Und er hat, nach Jahrzehnten politischer Unsicherheit, seinem Land wieder ein Rechtssystem und eine funktionierende Regierung gegeben.

Stampato presso
GIUNTI INDUSTRIE GRAFICHE S.p.A.
Stabilimento di Prato, giugno 1993